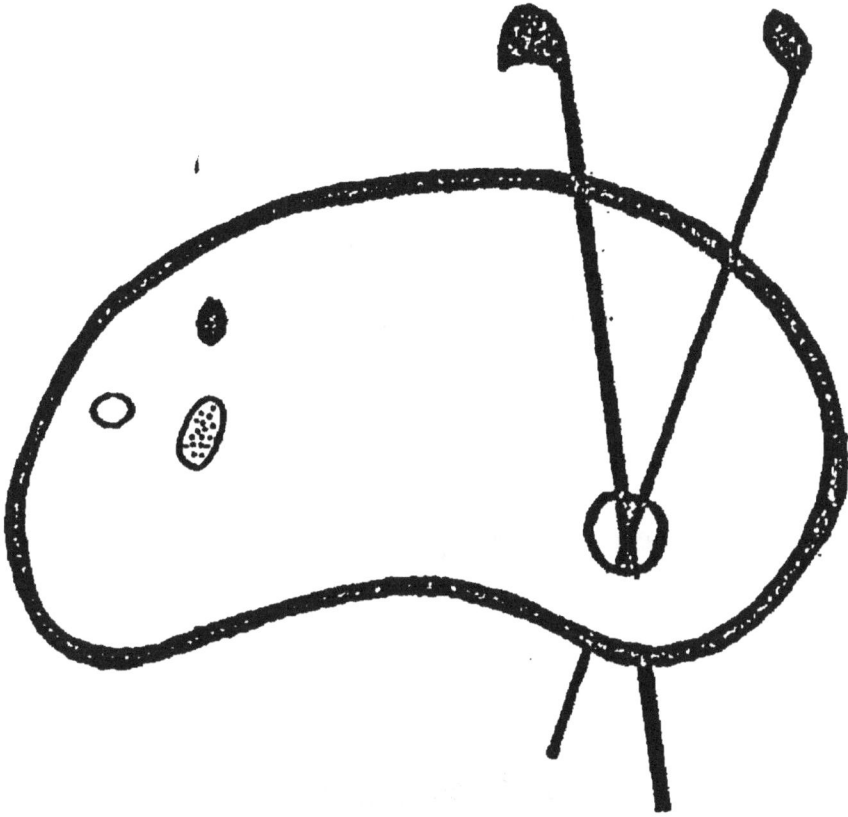

COUVERTURE SUPERIEURE ET INFERIEURE
EN COULEUR

BIBLIOTHÈQUE DE LA JEUNESSE CHRÉTIENNE

SÉRIE PETIT IN-12

LA FOIRE
AUX PAINS D'ÉPICES

PAR

ÉTIENNE GERVAIS

TOURS

A^d MAME ET Cie, IMPRIMEURS-LIBRAIRES

BIBLIOTHÈQUE DE LA JEUNESSE CHRÉTIENNE

SÉRIE PETIT IN-12

BIBLIOTHÈQUE

DE LA

JEUNESSE CHRÉTIENNE

APPROUVÉE

PAR Mᵍʳ L'ARCHEVÊQUE DE TOURS

SÉRIE PETIT IN-12

Ils forment bientôt une espèce de colonne qui fait
une trouée dans la masse, en poussant
des cris forcenés. (P. 37.)

LA FOIRE

AUX

PAINS D'ÉPICE

PAR

ÉTIENNE GERVAIS

TOURS

ALFRED MAME ET FILS, ÉDITEURS

—

1877

LA FOIRE
AUX PAINS D'ÉPICE

I

A l'extrémité du faubourg Saint-Antoine s'étend une vaste place circulaire à laquelle aboutissent la rue qui porte le nom de ce faubourg, le cours de Vincennes, le boulevard Mazas et le nouveau boulevard du Prince-Eugène, sans parler de quatre ou cinq autres avenues ou rues moins importantes que les quatre voies magistrales que nous venons de citer. Cette place a reçu le nom de place du Trône depuis l'époque du mariage de Louis XIV avec l'Infante d'Espagne, parce que les royaux époux firent par là leur entrée dans Paris, et qu'à cette occasion un arc de triomphe et un trône y avaient été élevés. Depuis long-temps ces décorations ont disparu, et jus-qu'ici on ne les avait remplacées que par deux colonnes surmontées des statues de saint Louis et de Philippe-Auguste. En ce moment, cette place subit une transforma-tion complète : un nouvel arc de triomphe, une fontaine monumentale au centre, et une colonnade circulaire, vont en faire un digne pendant de la place de l'Étoile, située à l'autre extrémité de Paris. Ces nouveaux embellissements contribueront à donner plus d'éclat et d'animation aux fêtes et aux réunions populaires dont cette vaste enceinte est le théâtre.

Chaque année, à partir du dimanche de Pâques jusqu'à la semaine du Bon Pasteur inclusivement, la place du Trône sert de réunion à une immense assemblée, connue sous le nom de *Foire aux Pains d'épice*. Là, pendant trois semaines, s'entassent sur le pourtour de la place, et sur le cours de Vincennes jusqu'aux fortifications, une innombrable quantité de baraques de saltimbanques, de théâtres forains, de boutiques de marchands de toute espèce, mais principalement de jouets d'enfants, et surtout de confiserie, de bonbonnerie et de pains d'épice; comme c'est cette dernière production qui domine, c'est elle qui a donné son nom à cette foire.

Le dimanche, mais surtout le lundi de Pâques, quand le temps est beau, on ne saurait se faire une idée de l'affluence de visiteurs qui se rendent à cette foire par

toutes les voies qui y conduisent. La rue du
Faubourg-Saint-Antoine, qui cependant est
fort large, surtout dans la partie voisine
du champ de foire, est souvent tellement
encombrée par la foule des allants et des
venants que la circulation y devient fort
difficile.

Cette affluence s'explique d'abord par le
voisinage d'un grand centre de population;
puis c'est la première fête du printemps,
celle qui ouvre en quelque sorte cette série
de fêtes et de foires qui, pendant toute la
belle saison, animent chaque dimanche les
environs de Paris, et dont les plus célèbres
sont la fête de Saint-Cloud, la foire des
Loges, et enfin, au mois d'octobre, l'an-
cienne foire du *Landit,* et la fête de Saint-
Denis, qui en forme à peu près la clôture.

La nature des marchandises qui se ven-
dent à la foire aux pains d'épice et l'é-

poque où elle se tient, c'est-à-dire pendant
les vacances de Pâques, y attirent néces-
sairement un grand nombre d'enfants, de
collégiens, de lycéens et d'élèves de toutes
les écoles publiques ou particulières de Paris. Aussi la foule qui circule pendant ce
jour-là sur l'emplacement occupé par la
foire se compose-t-elle au moins pour les
deux tiers d'enfants des deux sexes, d'ado-
lescents et de jeunes gens. Longtemps à l'a-
vance on projette, entre camarades, de faire
ensemble une visite à la foire aux pains d'é-
pice; les parents promettent cette excur-
sion comme récompense à leurs enfants, et
le jour venu on s'achemine vers les hau-
teurs du faubourg Saint-Antoine, les uns
en voiture de place, les autres en omnibus,
le plus grand nombre à pied. Nous ne parlons pas des équipages aristocratiques, qui
sont fort clair-semés dans cette réunion

éminemment populaire, et qui d'ailleurs dans ces mêmes journées sont attirés au bois de Boulogne, où les premières courses du printemps réunissent sur l'hippodrome de Longchamps toute la haute société parisienne.

A l'approche des vacances de Pâques de l'année dernière, quatre ou cinq élèves du lycée Charlemagne avaient formé, comme beaucoup d'autres, le projet d'aller, le lundi de Pâques, s'amuser à la foire aux pains d'épice. C'étaient les deux frères Léopold et Robert Courtois, leur cousin Louis Barlet, et deux autres de leurs camarades et voisins, Paul Geoffroy et Auguste Pilon, tous habitant les environs de la place Royale, à l'exception de Louis, dont les parents demeuraient au faubourg Saint-Germain, près de la Croix-Rouge, mais qui était pensionnaire dans une institution située rue du Val-

Sainte-Catherine, et dont les élèves suivaient les cours du lycée Charlemagne.

. Ces cinq jeunes gens paraissaient être tous à peu près du même âge, c'est-à-dire avoir de treize à quatorze ans; cependant Auguste Pilon avait près de quinze ans; mais il était le plus petit de la bande joyeuse, et il n'en était pas pour cela le moins turbulent, le moins espiègle, ou, si l'on veut, le moins *farceur*, comme le disaient ses camarades, et comme il aimait à se qualifier lui-même. Son père, le capitaine Pilon, était un officier de cavalerie en retraite, qui passait une partie de sa journée au café avec de vieux camarades, et qui s'occupait fort peu de l'éducation de son fils. Il l'envoyait comme demi-pensionnaire à l'institution où se trouvait Louis Barlet, et que fréquentaient également les deux frères Courtois et Paul Geoffroy; or, quand il avait payé régulièrement la note du chef d'institution, le capitaine Pilon croyait avoir rempli tous ses devoirs de père envers son fils; le reste ne le regardait pas. Si l'on se plaignait de quelque tour, de quelque escapade de *Gugusse*, — car, en raison de sa petite taille, malgré son âge, on lui avait conservé cette dénomination enfantine, — le capitaine répondait : « Bah! il faut bien que jeunesse se passe; nous en avons fait bien d'autres dans notre temps! » Si l'on se plaignait de sa paresse, de l'absence de tous progrès dans ses études, il répondait sur le même ton : « Bah! il en saura toujours assez pour manier un sabre et se faire casser un bras ou une jambe. » On conçoit qu'avec une surveillance si peu sévère maître Gugusse devait se livrer sans contrainte à toutes les lubies qui lui passaient par la tête.

Les deux frères Courtois étaient des en-

fants gâtés dans toute la force du terme,
non pas par leur père, qui se montrait parfois assez sévère pour eux, mais par leur
mère et par une tante sœur de leur mère,
qui demeurait avec uux. Cette tante était la
marraine de Léopold, l'aîné, et elle aimait
son filleul avec une tendresse aveugle; de
son côté, la mère montrait une préférence
marquée pour Robert. Du reste, les deux
frères étaient d'un caractère doux, presque
moutonnier, se laissant facilement influen-
cer par l'exemple de leurs camarades. Il y
avait entre eux une grande ressemblance
physique et morale; ils avaient à peu près
les mêmes qualités et les mêmes défauts ;
dociles, soumis, respectueux envers leurs
parents et envers leurs maîtres, accomplis-
sant leurs devoirs avec une régularité auto-
matique, mais sans goût, sans verve, sans
intelligence; la paresse et la gourmandise

étaient leurs défauts capitaux : seulement
Léopold était le plus paresseux, et Robert le
plus gourmand. Le père Courtois, horloger-
bijoutier, rue Saint-Antoine, auprès de la
rue Royale, était trop occupé de son indus-
trie et de son commerce pour pouvoir veiller
sur ses fils; il avait laissé ce soin à sa femme
et à sa belle-sœur, qui s'en acquittaient,
comme nous l'avons dit, en les gâtant à qui
mieux mieux. Seulement, de temps à autre,
quand le père Courtois s'apercevait que les
choses ne marchaient pas convenablement,
il s'emportait, et menaçait de mettre *à l'é-
tabli* ces deux fainéants qui perdaient leur
temps et mangeaient de l'argent sans rien
apprendre. Les deux femmes l'écoutaient
en silence tant que l'orage durait, les deux
enfants pleurnichaient un peu en promet-
tant de mieux travailler; puis, quand la
bourrasque était passée, les choses repre-

naient tout doucement le même train qu'auparavant.

On conçoit qu'avec le caractère que nous
connaissons aux deux frères, ils fussent exposés à servir de jouet à leurs camarades;
cependant, comme au fond c'étaient d'ex-
cellents garçons, toujours de l'avis de tout
le monde, toujours disposés à jouer aux
jeux que les autres proposaient, à prendre
part à tous leurs projets, ils étaient généra-
lement aimés, et l'on disait d'eux: « Ils sont
bien un peu bêtes ; mais ils sont si bons, que
ce serait vraiment dommage de leur faire
de la peine! » Un seul de leurs camarades
ne pensait pas ainsi, et s'amusait souvent à
leurs dépens : c'était Auguste Pilon; seulement il ne fallait pas que ses plaisanteries
allassent trop loin, car alors Louis Barlet
prenait fait et cause pour eux, et ne souf-
frait pas que ses cousins servissent de plas-

tron, pas plus à Gugusse qu'à tout autre.

C'est que Louis Barlet était un garçon bien différent de ses cousins. Il était actif, laborieux, intelligent, et, quoiqu'il n'eût que quatorze ans à peine, il montrait un caractère ferme et résolu qui eût fait honneur à un jeune homme de vingt ans. Sans être d'une force corporelle au-dessus de son âge, il était d'une constitution robuste, et il déployait dans tous les exercices gymnastiques une agilité, une souplesse et une dextérité remarquables. A ces avantages physiques il joignait un courage que rien n'était capable d'ébranler, et qui imposait même à de plus grands et à de plus âgés que lui. Loin de se prévaloir de cette sorte de supériorité que lui donnaient ses qualités physiques et morales pour chercher à dominer ou à se faire valoir, il ne s'en servait que pour protéger ceux que leur faiblesse exposait aux taquineries et aux vexations des plus forts. Aussi personne ne s'avisait de lui chercher querelle; chacun, au contraire, recherchait son amitié; mais il ne la prodiguait pas, et, quoiqu'il fût un très-bon camarade, qu'il vécût en parfaite intelligence avec tous, il ne donnait le nom d'ami qu'à un bien petit nombre, on pourrait dire même qu'à un seul de ses compagnons; car si sa liaison avec ses cousins était plus intime qu'avec d'autres, c'était plutôt à cause de la parenté qui les unissait que par suite d'une affection particulière; mais cette affection, cette sympathie, il la réservait tout entière pour Paul Geoffroy, dont le caractère, les goûts et la manière de voir étaient en parfaite harmonie avec les siens.

Ils avaient fait connaissance sur les bancs du lycée, dont ils fréquentaient les mêmes classes depuis plus de quatre ans. Leur inti-

mité s'était surtout resserrée à l'époque de
leur première communion, à laquelle ils
avaient apporté l'un et l'autre les meilleures
dispositions. Tandis qu'un trop grand nombre de leurs camarades avaient accompli
ce grand acte de la vie d'un chrétien avec
une légèreté malheureusement trop ordi-
naire à bien des jeunes gens d'aujourd'hui,
et n'en avaient retiré aucun fruit, Louis et
Paul avaient conservé précieusement le dé-
pôt de la foi qu'ils avaient reçu dans les
instructions préparatoires du catéchisme,
et ils l'avaient soigneusement entretenu
par les actes d'une piété sincère, et par des
bonnes œuvres qu'ils accomplissaient ensemble avec une noble émulation. Plusieurs
de leurs camarades, et entre autres Auguste
Pilon essayèrent de tourner en ridicule leur
conduite chrétienne, mais le respect hu-
main n'avait sur eux aucune prise, et bien-

tôt les traits de raillerie s'émoussèrent contre
la fermeté inébranlable des deux amis. Ce
fut précisément à cette fermeté dans la pra-
tique du bien qu'ils durent cet ascendant
qu'ils exerçaient, — Louis principalement,
— sur leurs camarades. Ajoutons que leur
piété n'était ni triste ni morose ; au contraire, ils étaient d'une gaieté franche, vive,
communicative, qui n'avait rien de folâtre,
et dont le rire n'avait jamais rien de sardo-
nique. Ils ne refusaient pas une partie de
plaisir quand elle n'offrait rien de contraire
à l'honnêteté ; aussi acceptèrent-ils avec
empressement la proposition d'une promenade à la foire aux pains d'épice.

D'abord cette promenade ne devait avoir
lieu qu'entre les deux frères Courtois, leur
cousin Louis et son ami Paul ; mais Auguste
Pilon, ayant appris ce projet, sollicita vivement d'en faire partie. Louis ne s'en sou-

ciait que médiocrement; mais cela parut
faire tant de plaisir à ses cousins, qui s'amu-
saient beaucoup des farces et des bouffonne-
ries de Gugusse, même quand elles avaient
lieu à leurs dépens, qu'il n'insista pas dans
son opposition. Paul lui-même contribua à
le décider, en lui disant : « Auguste, après
tout, est un bon enfant, et il contribuera à
égayer notre promenade. Si parfois il se
plaît à faire des farces inconvenantes, c'est
quand il est livré à lui-même et qu'il n'est
pas retenu par la présence de personnes ca-
pables de lui imposer; or mon père viendra
avec nous, et il ne se permettrait pas devant
lui de ces extravagances auxquelles il s'a-
bandonne quelquefois. Puis, quand mon
père n'y serait pas, tu as assez d'ascendant
sur lui pour le retenir dans de justes bornes,
et l'empêcher de se livrer aux écarts qui lui
sont habituels; car tu as dû remarquer

qu'ils sont moins fréquents qu'autrefois, ce qui me fait espérer qu'il tend à se corriger.

— Ainsi soit-il ! dit Louis en souriant. Dès que ton père vient avec nous, je n'ai plus la moindre objection à faire, car pour moi je ne me charge pas des fonctions de mentor de maître Gugusse. »

Quelques jours avant les vacances de Pâques, on convint des derniers arrangements à prendre. Le rendez-vous fut fixé chez M. Courtois, où les jeunes gens étaient invités à déjeuner, et d'où ils se rendraient ensuite à pied à la foire.

II

Comme il arrive souvent dans les parties
préméditées longtemps à l'avance, les choses
ne se passèrent pas comme elles avaient été
organisées. Louis, qui était retourné chez ses
parents dès le mardi de la semaine sainte,
et qui devait prendre l'omnibus qui va de
l'École militaire à la Bastille, pour se trouver au rendez-vous, fut obligé d'attendre
pendant plus d'une heure au bureau de la
Croix-Rouge, pour trouver une place dans
la voiture qui arrivait toujours au grand
complet.

Pendant ce temps-là, ses camarades, las de l'attendre, avaient déjeuné; puis, impatienté de ne pas le voir arriver, Auguste Pilon avait proposé de partir en avant, et de l'attendre chez Gustave Auger, un de leurs camarades qui demeurait à l'entrée de la rue de Picpus, à deux pas de la place du Trône. Léopold et Robert applaudirent à cette idée, et déclarèrent qu'il fallait sur-le-champ la mettre à exécution. Paul ne fut pas de cet avis, et voulut les engager à attendre Louis. Auguste insista, en lui faisant observer qu'il devait céder, puisqu'ils étaient trois contre lui, et qu'il était obligé à se rendre à une majorité *aussi respectable.*

« Vous ferez ce que vous voudrez, répliqua Paul; quant à moi, je n'irai pas sans Louis.

— Et s'il ne venait pas?

—En ce cas, je me priverais pour aujourd'hui d'aller à la foire.

1*

— Mais si ton père venait comme il l'a promis? objecta Léopold.

— Oh! alors je n'hésiterais pas à vous accompagner jusque chez Gustave Auger et jusqu'à la foire, si définitivement Louis ne venait pas ; mais je doute que mon père puisse s'absenter, parce qu'au moment de se rendre ici il lui est survenu une visite qui le retiendra probablement le reste de la journée.

— Eh bien! dit Robert, si tu allais voir maintenant s'il est libre : ce n'est qu'à deux pas, cela ne nous retardera pas beaucoup.

— Volontiers, » dit Paul. Et il courut chez son père, qui demeurait à l'entrée de la place Royale, tout près par conséquent de M. Courtois.

« Que tu es bête, Robert! s'écria Auguste quand Paul fut sorti : est-ce que nous avons besoin du père Geoffroy pour nous

accompagner? Ne dirait-on pas que nous
sommes encore des enfants qui ne savent
pas se conduire? C'est bien assez, il me
semble, d'avoir pendant l'année un *pion* ou
deux à ses trousses quand on est en récréa-
tion ou en promenade, pour être au moins
libres pendant les vacances. Pour moi, j'étais
déjà enchanté que ce papa Geoffroy ne vînt
pas avec nous, car avec ces vieux on ne peut
jamais s'amuser comme il faut ; aussi j'ai
été joliment vexé quand je t'ai entendu
engager Paul à aller chercher son père.

— C'est vrai, reprit Léopold en s'adressant à son frère, tu te mêles toujours de ce
qui ne te regarde pas. Tu avais bien besoin
de dire à Paul d'aller voir si son père était
libre. »

Les reproches adressés au pauvre Robert
menaçaient d'aller *crescendo,* quand le retour de Paul vint y couper court. Il annon-

çait qu'il était impossible à son père de s'absenter, et qu'il avait formellement défendu à son fils d'aller à la foire si Louis Barlet ne se trouvait de la société.

« En ce cas, partons! s'écria Auguste; nous vous attendrons pendant une demi-heure chez Gustave; passé ce temps, nous irons tous trois à la foire, où nous pourrons peut-être vous rencontrer.

— Comme il vous plaira, reprit Paul; pour moi, je reste jusqu'à l'arrivée de Louis.

— Alors au revoir! » dit Auguste. Et il entraîna Léopold et Robert, qui du reste ne firent pas beaucoup de difficulté de le suivre.

La mère et la tante des jeunes Courtois n'avaient pas assisté à la scène que nous venons de raconter, et qui s'était passée dans la chambre réservée aux deux frères; mais, pour sortir, il fallait traverser ce qu'on appelait le salon, qui n'était en réalité que l'arrière-boutique, où se tenaient ces dames. On leur expliqua sommairement ce qui venait d'être convenu, et elles ne parurent pas trop le désapprouver ; seulement Mme Courtois dit en forme de simple observation : « Quoi ! vous partez sans votre cousin ?

— Tiens ! répondit Léopold, faudrait-il nous priver pour ça d'aller à la foire ?

— C'est vrai, appuya la tante ; pourquoi priver ces pauvres enfants de leur promenade parce qu'il plaît à M. Louis d'être en retard ou de ne pas venir du tout ?

— J'en conviens, reprit Mme Courtois ; mais tu connais sa mère, ma très-chère belle-sœur, cela pourrait la contrarier, et alors elle se plaindrait à son frère, qui ne manquerait pas de me faire une de ces scènes

auxquelles je ne saurais m'accoutumer,
malgré seize ans de mariage.

— Mais, Madame, reprit avec assurance
Auguste Pilon, Mme Barlet ne saurait se for-
maliser, puisque nous avons attendu Louis
pendant plus d'une heure; d'ailleurs Paul
reste, et viendra avec lui nous rejoindre; il
me semble qu'on ne saurait exiger rien de
plus.

— Décidément vous restez, monsieur
Paul, pour attendre mon neveu?

— Oui, Madame.

— En ce cas, je ne vois pas effectivement
qu'il y ait grand inconvénient à ce que vous
partiez en avant, vous trois. Seulement
prenez bien garde de vous séparer et de
vous perdre dans la foule.

— Oh ! il n'y a pas de danger, » dirent les
deux frères en embrassant leur mère et leur
tante; et ils s'empressèrent de gagner la

rue. Paul les suivit, et se mit aussitôt à se promener le long du trottoir en examinant tous les omnibus qui venaient du faubourg Saint-Germain.

Pendant ce temps-là, Auguste et les deux frères s'éloignaient à grands pas dans la direction de la place de la Bastille. Robert, le plus jeune, avait peine à suivre Auguste et Léopold.

« Comme vous marchez! leur dit-il; si vous allez longtemps de ce train-là, je vous laisserai en chemin.

— Allons! petit, lui dit Auguste, encore un peu de courage; quand nous aürons dépassé la place, nous ralentirons le pas. »

Enfin, quand ils furent arrivés à l'entrée du faubourg Saint-Antoine, ils se reposèrent un instant sur un banc, et Auguste expliqua en ces termes la cause de leur marche rapide jusque-là. « Allons, assieds-

toi là, petit, repose un moment tes quilles...
Enfin nous voilà libres !... Vivent la joie et
les pommes de terre frites ! Maintenant, mon
petit, et toi, mon grand, — c'était Léopold
qu'il qualifiait de cette épithète, — voulez-
vous savoir pourquoi je vous ai fait arpenter
le chemin un peu vivement? je vais vous le
dire : c'est parce que je tenais, puisque
nous avions déjà eu la chance d'être débarrassés du papa Geoffroy, à être également
débarrassés de son fils et de votre cher cousin Louis. Ce n'est pas, bien entendu, que
je veuille dire du mal d'eux : ce sont d'ex-
cellents camarades, surtout en classe et à
l'étude; mais entre nous ils sont un peu
cafards. Quand on veut rire avec eux, quoiqu'ils ne soient pas ennemis de la joie, il
faut mesurer ses mots; autrement ils allon-
gent la mine, et prennent un air sévère qui
étouffe la gaieté; en un mot, ils savent bien

s'amuser, mais ils ne savent pas *rigoler*, et moi c'est ce que j'aime par-dessus tout. Aussi, puisque nous sommes entre nous trois, je vous promets que nous *rigolerons* comme il faut.

— C'est très-bien, fit Léopold ; mais nous avons promis de les attendre chez Gustave Auger, et s'ils nous y rencontrent, les beaux projets de *rigolade* sont avortés.

— Bah ! que tu es bête ! j'ai indiqué le rendez-vous de chez Gustave pour la *frime ;* nous ne nous y arrêterons pas, car je sais que Gustave a dû partir pour la campagne ces jours derniers, et doit y rester pendant toutes les vacances.

— Mais s'ils allaient nous rejoindre en route ? Les omnibus passent toutes les cinq minutes, et Louis peut être arrivé presque aussitôt après notre départ.

— C'est pour cela précisément que je vous

ai fait prendre le pas gymnastique jusqu'à
la place de la Bastille. Une fois arrivés ici,
au milieu de cette foule compacte, il est
impossible qu'ils nous rencontrent; nous
pouvons donc nous reposer tranquillement'
encore quelques instants, puis nous nous
remettrons en route; mais auparavant il
serait bon de nous rendre compte de l'état
de nos finances, afin de savoir d'avance ce
que nous pouvons dépenser. Voyons, Léopold, combien as-tu?

— Maman m'avait donné trois francs;
mais, comme elle en avait donné cinq à
Robert, ma tante-marraine m'a donné deux
francs, pour que j'en aie autant que lui.

— C'est pas vrai : maman ne m'avait
donné que trois francs comme à toi; puis
c'est quand elle a su que la tante t'avait ra-
jouté deux francs qu'elle m'en a redonné
deux aussi.

— Peu importe que ce soit l'un qui ait reçu deux francs de supplément plutôt que l'autre, cela ne vaut pas la peine de se quereller pour si peu de chose; l'essentiel est que vous avez reçu chacun cinq francs; c'est donc dix francs que vous avez à vous deux pour vous amuser à la foire...

— Nous n'avons plus tout à fait dix francs, fit observer Léopold; j'ai acheté ce matin un baba de dix centimes, et Robert a dépensé vingt-cinq centimes en sucreries.

— Cela fait trente-cinq centimes à diminuer sur les dix francs; reste donc neuf francs soixante-cinq centimes que vous avez à dépenser à vous deux; moi, j'ai juste quatre francs cinquante centimes, ce qui porte à un peu plus de quatorze francs le montant de notre avoir à nous trois; je vous propose de mettre en commun chacun quatre francs, nous aurons douze francs

pour nos dépenses à nous trois; quant au
surplus, chacun le dépensera comme il
l'entendra. »

Les deux frères consentirent à cet arran-
gement, et remirent chacun quatre francs
à Auguste, qui se chargea d'être le trésorier
de la société; quant à la quote-part du trésorier lui-même, il ne la fit pas voir, et nous
avons plus d'une raison de supposer qu'elle
était inférieure à la somme qu'il avait an-
noncée.

Ces conventions terminées, nos trois
jeunes gens se remirent en route en se mê-
lant à la foule qui suivait la même direction
qu'eux. Cette foule était si compacte, qu'ils
n'avançaient qu'avec assez de difficulté,
quand tout à coup Auguste dit à ses deux
compagnons :

« C'est assez embêtant d'aller comme des
tortues; voyons, voulez-vous me suivre? je

vais nous faire de la place, et nous allons
rire.

— Oui, oui! » répondirent les deux frères.

Aussitôt maître Gugusse se lance en avant
en criant à tue-tête : « Gare! gare! » Léopold
et Robert en font autant. A ces cris, la foule
s'écarte, et les laisse passer. Des jeunes gens
de leur âge, en voyant leur manœuvre, se
précipitent à leur suite, et forment bientôt
une espèce de colonne qui fait une trouée
dans la masse, en poussant des cris forcenés, en bousculant tout le monde sur leur
passage, en renversant même des femmes
et des enfants. Des sergents de ville s'ap-
prochent pour mettre l'ordre. Auguste, qui
les aperçoit, prend aussitôt une démarche
grave, et, faisant signe aux deux frères de
l'imiter, il dit assez haut pour être entendu
des sergents de ville, et en se tournant du
côté des petits garçons qui n'avaient fait que

2

le suivre : « Ces gamins sont vraiment in-
supportables ! auront-ils bientôt fini de nous
bousculer ? » Ce ton d'assurance en imposa
aux agents de l'autorité, dont l'attention se
porta sur la bande de jeunes garçons qui
excitaient les murmures et les plaintes de
toute la foule, et ils en arrêtèrent quelques-
uns.

« Tiens ! dit l'un d'eux, pourquoi n'ar-
rêtez-vous pas ces trois-là ? en désignant
Auguste et ses deux camarades : est-ce
parce qu'ils ont un uniforme de collégien,
et que nous n'avons que des blouses ou des
vestes ? C'est pas juste ça...

—Nous n'avons pas de compte à te rendre,
dit l'agent ; allons, suis-nous en silence, ou
sinon... » Et il l'emmena ainsi que deux de
ses camarades.

Lorsqu'ils se furent éloignés, et que le
calme fut rétabli, Auguste dit à demi-voix

à ses amis : « Hein ! c'est-il cela qui est amusant et vraiment *rigolo* ? V'là les moutards qui vont gober deux ou trois heures de consigne au poste pour s'être laissé bêtement pincer par les sergents de ville.

— Oui, mais nous avons bien risqué d'être arrêtés nous-mêmes, dit Robert ; pour moi, j'ai eu une grande peur, et je ne voudrais pas recommencer.

— Que t'es bête ! mais c'est précisément en cela que consiste la vraie farce, de faire tomber sur d'autres la tuile qui menaçait notre tête. Ce n'est pas ton cousin Louis ni son ami Paul qui imagineraient une pareille farce. Tiens, si tu veux, nous allons recommencer.

— Oh ! non, non ! fit Robert, je n'en suis plus.

— Ni moi non plus, ajouta Léopold.

— Allons, vous n'êtes que des poltrons,

et vous ne savez pas vous amuser, mais je vous l'apprendrai. »

Un monsieur qui marchait à côté d'eux et auquel ils ne faisaient pas attention, mais qui n'avait rien perdu de leur conversation, dit tout à coup en s'adressant à Auguste : « Oui, je vois que vos camarades sont à bonne école, et que vous pouvez, en effet, leur apprendre bien des choses, même le chemin de la prison, où je vous aurais fait conduire tout à l'heure, si j'avais su ce que je sais maintenant, à la place de ceux qu'on a arrêtés, et qui le méritaient moins que vous. Dans tous les cas, je vous conseille de ne pas recommencer, car j'ai l'œil sur vous. »

Auguste baissa la tête et ne répondit rien. Ils marchèrent tous trois en silence pendant quelque temps ; puis, arrivés à la hauteur de la rue de Reuilly, où se trouve une espèce de place qui permettait à la foule d'être moins serrée, Auguste fit signe à ses compagnons de traverser la rue pour s'éloigner de cette espèce d'individu qui les observait si bien, et qui devait être, selon lui, un espion de la police.

———————

III

Léopold et Robert suivirent docilement leur chef de file, et passèrent du côté gauche, qu'ils avaient toujours suivi, au côté droit de la rue du faubourg. Arrivés au carrefour Reuilly, ils aperçurent un nombreux rassemblement à l'entrée de la rue de ce nom. La curiosité les fit approcher pour en connaître la cause; bientôt ils virent un petit garçon d'une douzaine d'années qui se lamentait à côté des débris d'une bouteille cassée. Le contenu de cette bouteille était, disait-on, un remède fort cher que le pauvre enfant venait de chercher chez un pharmacien pour son père, dangereusement malade.

« C'est fâcheux, dit Auguste d'un ton dégagé, nous ne pouvons pas raccommoder sa bouteille; ne nous arrêtons pas plus longtemps : entendez-vous d'ici les sons des instruments et de la grosse caisse qui nous appellent?

— Tiens! vois donc, Guguste, dit tout à coup Léopold : n'est-ce pas Louis que j'aperçois là-bas près du petit garçon qui pleure, et qui cherche à le consoler?

— C'est vrai! et puis voilà Paul qui est en train d'organiser une quête. Oh! s'ils nous voyaient, ils nous tourmenteraient pour nous faire donner aussi quelque chose; tant pis, moi je ne suis pas d'avis de donner comme ça mon argent au premier venu. Tiens, fallait pas qu'il casse sa bouteille; c'est pas nous qui en sommes la cause. Filons vite, de peur qu'ils ne nous voient; à moins que vous n'aimiez mieux leur donner la somme que vous destinez à vous amuser à la foire.

— Pas si bêtes! » dirent ensemble Léopold et Robert. Et ils s'empressèrent de suivre Auguste dans la direction de la place du Trône, dont l'approche s'annonçait, comme l'avait remarqué Auguste, par la bruyante musique des saltimbanques.

En arrivant à l'angle de la rue Picpus, ils demandèrent, pour la forme, au concierge de la maison habitée par Gustave Auger s'il était chez lui. Ils savaient d'avance la réponse. « Eh bien, dit Auguste, si deux jeunes gens qui portent le même uniforme que nous vous demandent si nous sommes venus, vous leur direz que nous les attendons à l'angle du boulevard Mazas! »

Le concierge le promit, et ils partirent.

En un instant ils arrivèrent sur le champ de foire, où nous allons les laisser pour retourner auprès de Louis Barlet et de son ami Paul Geoffroy.

Ce dernier n'avait pas longtemps attendu Louis. A peine Auguste et les frères Courtois s'étaient éloignés, qu'il aperçut son ami sur l'impériale de l'omnibus. Louis s'empressa de descendre, courut embrasser sa tante et partit avec Paul dans la direction du faubourg Saint-Antoine, hâtant le pas dans l'espoir de rejoindre ses cousins et Auguste avant leur arrivée à la rue Picpus. Mais, comme l'avait prévu celui-ci, la foule qui couvrait la place de la Bastille avait empêché les deux amis d'apercevoir leurs camarades sur le banc où ils s'étaient assis à l'écart, de sorte que Louis et Paul les avaient depassés quand ils s'étaient remis en route, et étaient arrivés quelques in-

stants avant eux au carrefour Reuilly. Nous
connaissons l'incident qui les avait arrêtés. Ils se trouvaient tout près de l'enfant
au moment où, ayant fait un faux pas, il
avait laissé tomber la bouteille qu'il tenait
à la main. En voyant ses lamentations, la
première pensée des deux amis fut de chercher à le consoler, et la seconde de réparer la perte occasionnée par cet accident.
« Hélas! disait une femme, ont-ils du malheur ces pauvres Humbert! Voilà six mois
que le mari est malade et ne peut plus travailler, et que la femme, obligée de soigner
son mari et ses quatre enfants, a été forcée
de vendre ou d'engager presque tous ses
meubles pour vivre : ce matin, pas plus tard,
elle a mis au mont-de-piété sa dernière robe
pour payer le médicament que le médecin
avait ordonné pour son mari, et voilà que
cet étourdi vient de casser la bouteille!

— Vous connaissez cet enfant et sa famille ? dit Louis, qui avait attentivement écouté ce que venait de dire cette femme.

— Si je les connais ! je suis leur plus proche voisine ; il y a près de quatre ans que je loge sur le même carré que la famille Humbert ; ils étaient alors à leur aise ; mais, depuis ce temps, le chômage et les maladies les ont réduits à la misère : de bien braves gens pourtant ! »

Louis, en entendant ces paroles, avait tiré de sa poche une pièce de vingt sous qu'il avait mise dans la main du petit garçon, en lui demandant combien coûtait sa bouteille. « Cinq francs, Monsieur, » avait répondu l'enfant. Paul s'était empressé d'imiter son ami, et au même instant un monsieur et une dame qui tenaient par la main un petit enfant de sept à huit ans, et qui avaient remarqué l'action de Louis et de Paul, leur dirent : « Messieurs, permettez que notre enfant s'associe à votre bonne œuvre. » En même temps la mère remit à son fils une pièce de monnaie en lui disant : « Georges, prie ce monsieur, — en désignant Louis, — de vouloir bien donner cela à ce petit garçon qui pleure. »

On sait qu'à Paris le peuple est compatissant et généreux. Ce que venaient de faire le monsieur et la dame trouva aussitôt de nombreux imitateurs. Une foule de mains s'allongèrent pour faire aussi leur offrande par l'entremise des deux jeunes collégiens. Paul, en souriant, prit sa casquette et fit le tour du cercle qui en un instant s'était formé autour d'eux, tandis que Louis consolait le petit garçon, en lui faisant remarquer qu'il allait avoir bien plus d'argent qu'il n'en faudrait pour payer sa bouteille, et que le surplus servirait à sa mère pour acheter du pain et les choses qui lui seraient les plus nécessaires. C'est à ce moment-là qu'Auguste, Léopold et Robert étaient passés et avaient reconnu les deux amis ; mais, comme nous l'avons vu, ils s'étaient bien gardés de les rejoindre, et pour cause.

Cependant la collecte faite par les deux amis avait produit onze francs cinquante centimes, et peut-être en aurait-elle produit davantage si un sergent de ville, qui avait observé tout ce qui s'était passé, n'eût jugé qu'il était temps de faire cesser un rassemblement qui nuisait à la circulation et était désormais inutile, puisque le dommage était réparé.

Louis et Paul accompagnèrent le petit Adrien, — c'était le nom du pauvre enfant, — chez le pharmacien, où ils lui firent préparer un médicament semblable à celui que contenait la bouteille cassée ; puis ils lui re-

mirent le surplus de l'argent en lui recom-
mandant de faire bien attention cette fois à
ne pas laisser tomber sa nouvelle bouteille.

Ils se disposaient à s'éloigner pour aller à
leur rendez-vous, quand le petit Adrien leur
demanda d'une voix suppliante de vouloir
bien l'accompagner jusqu'à sa demeure.

« J'ai peur, disait-il, d'être grondé, et l'on
ne voudra pas me croire quand je raconterai
ce qui m'est arrivé. » Comme ce n'était qu'à
deux pas, les deux amis y consentirent.

Ils suivirent donc l'enfant, et arrivèrent
bientôt devant une vieille maison, d'assez
chétive apparence; ils pénétrèrent par une
allée étroite à un escalier obscur, qu'ils
gravirent jusqu'au quatrième étage. En arrivant sur le carré, ils trouvèrent sur la
porte la bonne femme qui leur avait déjà
parlé de la famille Humbert.

« Ah! vous voilà, mes braves collégiens!

s'écria-t-elle en les voyant, vous avez bien fait de venir avec le petit Adrien; car, quoique j'aie prévenu sa mère de l'accident qui est arrivé, elle est furieuse contre lui. »

Louis et Paul entrèrent aussitôt dans l'unique chambre occupée par la famille Humbert. Ils furent frappés à l'aspect misérable de ce logement, à la vue de trois enfants plus jeunes qu'Adrien, tous ayant un air souffreteux. La mère, plus pâle et plus maigre encore que ses enfants, avait les yeux rouges à force d'avoir pleuré, ou peut-être de s'être mise en colère : car tantôt elle s'abandonnait à de douloureuses lamentations, tantôt elle se livrait à des emportements extraordinaires chez cette femme autrefois douce et résignée; mais la misère aigrit souvent le caractère.

Elle était donc disposée à se fâcher contre Adrien, comme l'avait dit la voisine, quand

la présence des jeunes étrangers la retint.
Ceux-ci, qui d'un coup d'œil avaient reconnu
l'état misérable de ce ménage, s'étaient fait
entre eux un signe, et avaient ajouté à la
somme qu'ils avaient recueillie dans la rue
tout ce qu'ils avaient sur eux. Louis le remit
à cette femme en disant :

« Madame, un accident arrivé à votre fils
a retardé son retour auprès de vous; mais,
comme dit le proverbe : « A quelque chose
malheur est bon. » Des personnes bienveil-
lantes ont voulu réparer ce malheur, et
vous voyez qu'elles ont assez bien réussi. »

La somme s'élevait, avec ce que les deux
amis y avaient ajouté, à près de quinze
francs, en menue monnaie. La pauvre
femme, en recevant cet argent, ne songea
plus, comme on le pense bien, à gronder
son fils; elle fut saisie d'une profonde émo-
tion, et ne put retenir ses larmes.

« Oh! mes bons messieurs, s'écria-t-elle,
vous nous rendez la vie à tous, car je ne
savais pas comment j'aurais donné aujour-
d'hui à manger à mes enfants! »

En ce moment, on entendit une voix
faible qui sortait du fond d'une alcôve obs-
cure que n'avaient pas encore remarquée
nos jeunes gens. C'était le malade qui, un
instant assoupi, s'était réveillé au bruit de la
conversation que nous venons de rapporter.

« Avec qui donc parles-tu là? » demanda-
t-il à sa femme.

Celle-ci s'empressa de lui raconter ce qui
s'était passé, tout en lui faisant prendre
quelques cuillerées du remède que son fils
venait d'apporter. Cette potion sembla ra-
nimer le pauvre malade, et il joignit ses
remercîments à ceux de sa femme.

« Ce que nous avons fait pour vous, répondit Louis, est bien peu de chose, et ne

peut que vous procurer un secours d'une trop courte durée. Il me semble, Madame, ajouta-t-il en parlant à la femme Humbert, que si vous vous étiez adressée aux sœurs de Charité de votre paroisse, elles vous auraient secouru plus efficacement que nous ne pouvons le faire : elles vous auraient fourni des médicaments pour votre mari, et vous auraient aidé à nourrir vos enfants jusqu'à ce qu'il soit en état de reprendre son travail.

— Non, non, point de béguines ici ! s'écria tout à coup l'ouvrier avec une énergie qu'on était loin d'attendre de son état de faiblesse; merci, Messieurs, de votre conseil; ma femme me l'avait déjà proposé plusieurs fois, c'est moi qui m'y suis toujours opposé. Nos sœurs voudraient me faire confesser, amener ici des prêtres, et si je refusais de les recevoir, elles cesseraient de nous donner des secours.

— Je crois que vous êtes dans l'erreur, mon brave homme, dit Paul, et que les sœurs ne vous refuseraient pas des secours parce que vous ne voudriez pas recevoir la visite d'un prêtre.

— Et moi, je suis persuadé du contraire; d'ailleurs j'ai en horreur tout ce qui tient à la religion catholique, et la vue d'une religieuse ou d'un calotin me soulève le cœur. J'ai pris part à deux révolutions; je me suis battu sur les barricades en 1830 et en 1848, dans l'espoir que nous serions débarrassés de cette engeance: nous n'avons pas réussi; mais au moins il ne sera pas dit que je recevrai chez moi tout ce qui tient de près ou de loin à la prêtraille. »

En entendant ces paroles, nos deux amis se regardèrent d'un air consterné; ils saluèrent sans rien dire, et se retirèrent. La femme Humbert sortit sur leurs pas pour

les reconduire; quand ils furent au bas de
l'escalier, elle leur dit avec des larmes dans
la voix :

« Vous avez entendu mon mari, Messieurs :
voilà la cause de mes plus grands chagrins ;
il a été entraîné dès sa jeunesse dans des
sociétés qui lui ont fait prendre la religion
en horreur ; figurez-vous qu'il ne veut pas
que j'envoie mes enfants au catéchisme, et
que mon aîné n'a pas encore fait sa première
communion. A cela près, je n'ai pas à me
plaindre de lui. Quand il était bien portant,
c'était un bon ouvrier, qui gagnait de bonnes
journées, et qui ne dissipait pas son argent
en folles dépenses ; mais, depuis sa maladie,
Dieu sait à quelle extrémité nous avons été
réduits ! et si vous n'étiez pas venus aujour-
d'hui à notre secours, je ne savais plus où
donner de la tête. Enfin voilà toujours, grâce
à vous, deux ou trois jours d'existence as-

surés; que Dieu vous en récompense, mes braves messieurs ! »

Et en disant ces mots elle serrait avec effusion les mains des deux amis, les baisait et les arrosait de ses larmes.

Quand les deux collégiens se retrouvèrent seuls dans la rue, Paul dit à Louis :

« Voilà un homme dont l'âme est encore plus malade que le corps. Ah! si l'on pouvait la guérir, ce serait une belle œuvre de charité !

— J'y pensais, répondit Louis, mais c'est une tâche difficile que nous ne pouvons entreprendre seuls. Nous sommes trop jeunes pour que nos paroles soient écoutées et que nos conseils inspirent la confiance.

— Cela est vrai, reprit Paul, et je comprends qu'il faudrait un homme d'un âge mûr pour tenter une pareille entreprise. Mais... j'y réfléchis : si nous en parlions à

mon père? il est membre de la société de
Saint-Vincent-de-Paul; il pourrait, par lui-
même ou par quelques-uns de ses confrères,
voir cet homme, lui parler, gagner sa confiance et peut-être le ramener à de meilleurs
sentiments.

— Tu as là une excellente idée, mon cher,
et si M. Geoffroy veut s'en mêler, j'ai bon
espoir qu'il réussira.

— En ce cas allons vite le trouver.

— Mais tu oublies notre rendez-vous
chez Gustave, où nous attendent Auguste
et mes cousins, et puis notre visite à la
foire.

— C'est vrai, je l'avais oublié; quant à
aller à la foire, je ne m'en soucie guère :
maintenant que je n'ai plus d'argent j'y ferais une triste figure. Cependant, tu peux le
croire, j'éprouve mille fois plus de satisfaction d'en avoir fait l'usage que tu sais, que

de l'avoir dépensé à acheter des sucreries ou
à voir les curiosités de la foire.

— Je le crois d'autant mieux que j'é-
prouve la même satisfaction, et que je ne la
changerais pas contre tous les plaisirs et les
amusements que nous nous étions promis
en cette journée. »

IV

Tout en causant ainsi, nos deux amis arrivèrent à la maison de Gustave Auger. Là ils apprirent qu'il était à la campagne, et que trois jeunes gens portant comme eux l'uniforme de la pension de Gustave s'é-taient présentés une heure auparavant pour le voir, en disant qu'ils s'étaient donné rendez-vous chez lui avec deux autres de leurs camarades, mais que, puisqu'ils ne les trouvaient pas, ils allaient les attendre à l'angle du boulevard Mazas.

Comme Louis et Paul ne se trouvaient

qu'à deux pas de l'endroit fixé pour ce nouveau rendez-vous, ils y allèrent; mais ils n'y trouvèrent personne; alors ils résolurent de parcourir le vaste champ de foire, dans l'espoir vague de rencontrer leurs camarades, et en même temps de jouir du coup d'œil vraiment curieux qu'offrait cette bruyante assemblée. Ils s'amusèrent des parades burlesques et des spectacles variés qui s'offraient à leurs yeux; ils s'arrêtèrent à regarder les tours de force merveilleux de quelques saltimbanques. « Sais-tu, disait Paul à Louis, que jamais *les bagatelles de la porte* ne m'ont autant amusé qu'aujourd'hui? Autrefois je voulais voir l'intérieur, qui n'offrait le plus souvent qu'un spectacle insipide, et je n'en sortais jamais sans regretter l'argent que cela m'avait coûté.

— Je puis t'en dire autant, répondait Louis : et sais-tu d'où cela vient? C'est que nous avons dépensé notre argent pour assister à un spectacle bien autrement émouvant que celui que pourraient offrir les meilleurs acteurs du monde, spectacle d'autant plus intéressant pour nous que nous y jouions un des principaux rôles.

— Et ajoute, reprenait Paul, qu'il ne s'agissait pas d'une fiction, mais bien d'une réalité plus triste que bien des fables inventées par nos plus sombres dramaturges.

— C'est vrai, fit Louis en poussant un profond soupir : une famille qui meurt de faim, et dont le chef étendu sur un lit de douleur manque, par ignorance peut-être ou par préjugé, de la seule consolation qui puisse adoucir sa triste position ! Oh ! s'il nous était aussi facile de lui procurer cette consolation qu'il nous l'a été de donner quelque soulagement à la misère de ses enfants !...

— Oui, interrompit Paul, ce serait là un heureux dénoûment au drame dont nous avons vu le premier acte ce matin, et pour ma part je me souviendrais avec bonheur de la foire aux pains d'épice et du lundi de Pâques de l'an de grâce 1862; mais, hélas! ne n'est probablement qu'un beau rêve.

— Et pourquoi ne serait-ce qu'un rêve? reprit Louis avec énergie; ayons en Dieu plus de confiance; pour moi, je crois que ce n'est pas sans dessein qu'il nous a fait rencontrer le petit Adrien sur notre route, et qu'il a placé sous nos yeux le spectacle de la misère de la mère et des enfants, à côté du spectacle plus triste encore de ce père atteint d'une double maladie de l'âme et du corps. Il me semble qu'il a voulu nous dire : Voilà des maux dont vous ne soupçonniez pas l'existence, et que je vous invité à soulager. Ne vous défendez pas en disant que cela vous est impossible; il n'y a rien d'impossible à la véritable charité! Oui, telle est ma conviction. Ce n'est pas une vaine présomption de ma part : c'est une entière confiance en la bonté et en la miséricorde de Dieu.

— Ta confiance excite la mienne, et j'entre complétement dans tes pensées. Eh bien! que tardons-nous à nous mettre à l'œuvre? Je pense que les amusements de la foire ne nous offrent pas assez d'attraits pour nous retenir plus longtemps. Nous n'avons plus guère l'espoir de retrouver tes cousins; il me semble que c'est le moment d'exécuter le projet dont je t'ai parlé, et d'aller raconter à mon père ce qui nous est arrivé et ce que nous espérons de lui.

— Je le veux bien, répondit Louis; en ce cas, partons. »

Ils se prirent tous deux par le bras, et se mirent en route pour regagner la rue du

Faubourg-Saint-Antoine. Mais ce n'était pas chose facile. Ils se trouvaient en ce moment près de la barrière du Trône, et ils étaient obligés de traverser toute la place, qui était à cette heure plus encombrée qu'en aucun autre instant de la journée. Après une demi-heure d'une marche pénible, pendant laquelle ils étaient sans cesse coudoyés et refoulés, ils arrivèrent enfin à l'entrée du faubourg; mais la masse était encore plus compacte que sur la place même; alors ils résolurent de prendre le boulevard Mazas, beaucoup moins encombré que la rue du Faubourg, et de le suivre jusqu'à la rue de Charenton, puis de gagner par cette dernière rue la place de la Bastille. Ce chemin, quoique le plus long, offrait un parcours beaucoup plus facile. Ils tournèrent donc à gauche pour suivre cette nouvelle direction, lorsqu'en passant près d'un tir à l'arbalète

ils se trouvèrent face à face avec Léopold et
Robert Courtois. Une exclamation de sur-
prise s'échappa en même temps de la bouche
des quatre jeunes gens. Mais les deux frères
rougirent et ne répondirent qu'avec embar-
ras aux questions de Louis et de Paul. Ils
craignaient les reproches de leur cousin,
tandis que celui-ci, loin de leur en adresser,
s'excusait lui-même de les avoir fait trop
attendre au rendez-vous...

« Mais non, balbutia Léopold, nous n'a-
vons pas trop attendu; je voulais rester encore, c'est Gugusse qui n'a pas voulu, et qui
nous a entraînés... Aussi tu aurais tort de
nous en vouloir.

— Mais je ne vous en veux pas le moins
du monde, répondit Louis en souriant, c'est
moi qui étais en retard, et vous avez très-
bien fait de ne pas nous attendre. Mais qu'a-
vez-vous fait d'Auguste, je ne le vois pas?

— Il est là qui joue au tir, et qui casse à coups d'arbalète des poupées de plâtre et des pipes de terre ; si vous voyiez comme il est adroit ! à chaque coup il abat l'objet qu'il désigne : au grand Turc ! au parapluie de monsieur ! à l'ombrelle de madame ! à la pipe du grenadier ! paf, pan, et voilà le parapluie, et l'ombrelle et la pipe qui tombent ! Aussi il est toujours entouré d'une foule de curieux qui le regardent, et qui rient aux éclats de ses saillies et de son adresse. » Effectivement, Auguste se trouvait au milieu d'un groupe nombreux qui, en raison de sa petite taille, le cachait entièrement aux regards.

« Et comment se fait-il que vous vous soyez séparés de lui ?

— Nous ne l'avons quitté que depuis un instant. Robert avait envie de manger du pain d'épice, et Gugusse nous a dit : « Allez

en acheter, et vous viendrez me rejoindre. »
Nous y sommes allés; puis, quand nous
avons voulu reprendre nos places à côté de
lui, le nombre de curieux avait tellement
grossi que nous n'avons pu pénétrer encore,
jusqu'à lui, et c'est alors que nous vous
avons rencontrés.

— Gourmand de Robert, dit Paul en
riant, je te reconnais bien là! tu quittes un
endroit où tu t'amusais bien, au risque de
ne pouvoir y retourner, et cela pour aller
acheter du pain d'épice.

— Tiens, puisque nous sommes venus à
la foire aux pains d'épice, c'est bien le moins
qu'on en achète.

— C'est juste; mais où est-il donc le pain
d'épice que vous avez acheté?

— Tiens! nous l'avons mangé.

— Comment, Paul, peux-tu lui faire une
pareille question? dit Louis en riant.

— Dis donc que tu l'as mangé toi seul, reprit Léopold, car j'en ai à peine goûté un morceau, et quand je t'en ai redemandé, tu avais tout avalé.

— C'est pas vrai, na; t'en as mangé presque autant que moi.

— Peut-on dire ! Figure-toi, Louis, que nous avons acheté un grand bonhomme haut comme ça; je n'en ai mangé qu'un bras, et lui a dévoré tout le reste comme un goulu qu'il est.

— Quels anthropophages vous êtes ! s'écria Paul en riant aux éclats.

— Si tu n'en as mangé qu'un bras, tu en as eu pour ton argent, puisque le bonhomme coûtait douze sous, que tu n'en as donné que deux, et que c'est moi qui ai fourni les dix autres.

— Oui; mais qu'est-ce qui a payé les chevaux de bois?...

—Allons! fi, que c'est vilain de se quereller ainsi entre deux frères pour de pareilles niaiseries! dit Louis d'un air moitié sérieux, moitié plaisant. Toi, Léopold, qui es l'aîné, je te croyais le plus raisonnable et le moins gourmand. Puisque tu aimes tant le pain d'épice, je t'en achèterais un bonhomme d'un mètre de haut, s'il me restait de l'argent; malheureusement je n'ai plus le sou, et il faut que tu te contentes de ma bonne volonté.

— Et moi, reprit Paul d'un air piteux, j'en achèterais un avec un cheval pour Robert, si ma bourse n'était pas à sec comme celle de Louis.

— Comment! s'écria Léopold d'un air surpris, vous avez déjà tout dépensé votre argent! mais vous deviez avoir au moins cinq francs comme nous, d'après ce que vous nous avez dit.

— Nous en avions même un peu plus, je crois ; mais tout y a passé.

— Et vous êtes-vous bien amusés au moins pour votre argent ?

— Je t'assure que jamais nous n'avons éprouvé plus de satisfaction. Et vous, vous êtes-vous bien divertis ?

— Oh ! passablement ; d'abord, Gugusse est si cocasse, qu'il ferait rire les pierres.

— C'est vrai, reprit Robert ; mais plusieurs fois aussi il nous a fait avoir une venette dont je me serais bien passé. » Et il raconta la *bousculade* du faubourg Saint-Antoine, où il avait eu si grand'peur d'être arrêté par les sergents de ville.

« Bah ! tu n'es qu'un poltron, reprit Léopold ; c'est comme quand nous sommes arrivés sur la foire, il nous a pris fantaisie de faire une partie ou deux sur les chevaux de bois : nous nous sommes adressés à un établissement dont la mécanique est joliment perfectionnée : il y a trois chevaux de front ou trois fauteuils à chaque branche, et l'on ne voit pas la machine qui fait tourner tout le manége. Nous aurions voulu monter tous trois sur les trois chevaux d'une même branche; mais toutes les places étaient prises; il n'y en avait qu'une où se trouvaient deux places vides. Gugusse et Robert y sont montés; Gugusse m'a dit: « Reste là, je vais bientôt te faire avoir une place. » Je suis donc resté en dehors du manége, à les regarder tourner, sans savoir comment Gugusse me procurerait une place. Il était séparé de Robert par un moutard de sept à huit ans qui occupait le cheval du milieu; et, pour l'empêcher de tomber, on l'avait attaché avec une sangle à la barre de fer perpendiculaire qui soutient les chevaux. Tout à coup j'aperçois Gugusse qui dénoue

tout doucement la sangle; puis quand elle
est entièrement détachée, il dit au petit
bonhomme : « Hé! dis donc, tiens-toi bien,
car ta sangle ne te soutient plus. » Le moutard, en s'apercevant qu'il n'est plus solidement attaché, s'effraie et pousse des cris
à plein gosier; sa mère, qui était auprès de
moi, crie encore plus fort : « Arrêtez, arrêtez ! vous allez tuer mon enfant ! » La mécanique était lancée, on ne pouvait pas l'arrêter tout d'un coup; les cris de la mère et
de l'enfant redoublaient; toutes les femmes,
tous les enfants criaient aussi : c'était un
vacarme, un tumulte épouvantable. Bientôt
des sergents de ville arrivèrent, car il ne
manque jamais de sergents de ville dans ces
occasions-là; ils s'informèrent de la cause
du tapage qui se faisait; on leur dit que
c'était un enfant qui s'était effrayé et qui
avait manqué de tomber. Ils ordonnèrent au

maître du manége d'arrêter. « C'est ce que nous faisons aussi, Messieurs, répondit-il; mais il faut le temps. Vous voyez que la machine est maintenant bien ralentie. » Elle l'était en effet; mais le moutard hurlait toujours. Enfin elle s'arrête, et mon petit peureux tombe presque évanoui dans les bras de sa mère.

« — Eh bien! s'écrie celle-ci en s'adressant au maître, je vous avais pourtant recommandé de l'attacher, et vous voyez qu'il ne l'était pas. »

« Le maître appelle le garçon qu'il avait chargé de la besogne; celui-ci affirme qu'il avait attaché solidement le moutard, et qu'il faut que quelqu'un de ses voisins l'ait détaché; et en même temps il lançait des regards investigateurs sur Gugusse et sur Robert. Gugusse soutint ces regards avec une assurance parfaite; Robert eut peur comme un imbécile et rougit jusqu'au blanc des yeux...

— J'aurais bien voulu te voir à ma place, interrompit Robert, pour savoir si tu aurais ri comme tu le faisais.

— C'est vrai que je ne pouvais m'empêcher de rire, tant c'était drôle. Enfin le moutard, à qui sa mère avait fait respirer des sels, est revenu à lui. On lui a demandé si c'était un de ses voisins qui avait détaché la sangle qui le retenait.

« — Je ne sais pas.

« — C'est-il celui-là? a dit un sergent de ville en montrant Robert.

« — Je ne sais pas.

« — C'est-il celui-ci? a-t-il ajouté en désignant Gugusse.

« — Je sais pas; mais je ne crois pas, car c'est lui qui m'a averti que la sangle était détachée.

« — Allons, a dit le brigadier, dans tout
ceci il n'y a ni mort ni blessé, et ce n'était
pas la peine de nous déranger pour si peu
de chose. Quant à vous, a-t-il ajouté en s'a-
dressant au maître, veillez à ce que pareil
désordre ne se renouvelle pas, ou je vous
ferai fermer votre manége. »

« Le maître a appelé son garçon et lui a
donné un rude savon; celui-ci a protesté en
grommelant qu'il était sûr que c'étaient les
voisins du moutard qui avaient détaché la
sangle. Il a offert au petit de remonter et de
l'attacher solidement, et qu'on verrait bien
que cela ne s'était pas détaché tout seul;
mais ni la mère ni l'enfant n'ont voulu
tenter l'expérience.

« — Une place vacante! a crié le maître :
qui la prend?

« — Moi! ai-je répondu, et j'ai monté le
cheval du bambin.

« — Voulez-vous que je vous attache? m'a dit le garçon d'un air narquois.

« — Non, non, que j'ai répondu, je ne suis pas un moutard. »

« — Et la machine s'est remise en mouvement.

« Lorsqu'elle a été bien lancée : « Hein! que m'a fait Gugusse, n'ai-je pas tenu ma promesse de te faire avoir promptement une place?

« — C'est vrai, que j'ai dit, mais si le bambin était tombé?

« —Bah! est-ce que ça tombe des mioches?

« — Mais si d'autres que moi s'étaient aperçus de ce que tu as fait?

« — Eh bien, j'aurais soutenu que ce n'était pas moi; quand on affirme quelque chose avec assurance, on finit toujours par être cru; ce n'est pas comme ton benêt de frère, qui n'avait rien fait, qui ne se dou-

fait de rien ; et qui a attiré sur lui les soup-
çons par son air décontenancé.

« Le fait est qu'il a eu une fameuse venette, le pauvre Robert.

« — C'est vrai ; et ce n'était pas le moins
rigolo de l'aventure. »

— Ah ! il trouvait cela rigolo ; dit Robert
avec humeur : eh bien ; moi je le trouvais
fort peu amusant ; qu'il ne s'avise pas de
recommencer, ou...

— Que ferais-tu ? interrompit Louis ; je
vais te le dire, mon pauvre garçon ; tu ferais
comme tu as toujours fait avec Auguste ; ce
n'est pas d'aujourd'hui qu'il a commencé à
s'amuser à tes dépens. Je le croyais un peu
corrigé, mais je vois qu'il se retenait seulement en ma présence. Maintenant, mes
amis, si vous voulez m'en croire, vous lais-
serez là Auguste à son jeu d'arbalète ; et
vous vous en viendrez tous les deux avec

nous; car nous partions lorsque nous vous avons rencontrés.

— Comment ! fit Léopold, vous vous en allez déjà ?

— Oui, ajouta Paul, et nous vous conseillions d'en faire autant.

— Mais nous ne le pouvons pas; Gugusse a le reste de notre argent, et il faut bien que nous le dépensions; vous avez bien dépensé le vôtre, vous, pour vous amuser; nous voulons en faire autant. »

Louis et Paul se regardèrent en souriant; puis Louis, s'adressant à ses cousins, leur dit : « Voilà une excellente raison ! Si vous tenez à dépenser votre argent comme nous, je vous promets de vous en fournir l'occasion, et je vous garantis que vous serez plus satisfaits que si vous aviez pris part à tous les amusements de la foire. Mais comment se fait-il qu'Auguste ait votre argent ?

— Ah! voilà; c'est qu'il nous a demandé de faire bourse commune, parce qu'il valait mieux qu'un seul se chargeât de la dépense que nous ferions ensemble que de payer chacun séparément.

— Mais, dans ce moment-ci, est-ce avec l'argent de la bourse commune, ou avec le sien, qu'il joue à l'arbalète?

— Je pense que c'est avec le sien; mais, comme nous avons aussi joué quelques coups dans les commencements, il est possible qu'il prenne une partie des frais sur la bourse commune. »

En ce moment il se fit un grand tumulte dans le groupe qui stationnait devant le tir de l'arbalète, et nos quatre jeunes gens aperçurent Auguste Pilon qui, l'œil en feu et les joues rouges de colère, discutait vivement avec un individu en blouse beaucoup plus grand que lui, et le traitait de fripon, de voleur. Celui-ci l'écoutait d'un air de pitié, sans paraître s'émouvoir de ses injures, comme un dogue regarde avec dédain un roquet qui jappe après lui. A la fin, comme Auguste s'exaspérait de cette indifférence et redoublait ses injures, son adversaire lui dit : « Veux-tu taire ton bec, méchant gamin de collégien, ou je t'appliquerai sur le mufle une emplâtre qui te coupera la parole pour quinze jours. » Et en disant ces mots il retroussait les manches de sa blouse, allongeait un bras musculeux, et ouvrait une main large qu'il tenait levée d'un air menaçant.

« Hardi le petit, criaient des individus qui paraissaient les camarades de l'adversaire d'Auguste.

— Xi, xi, xi! » faisaient des gamins, comme quand on excite des chiens à se battre.

Louis et Paul s'avancèrent alors, suivis à distance de Léopold et de Robert.

« Eh bien, que fais-tu donc là, Auguste?» lui dit Louis d'un air sérieux et grave.

A la vue des deux amis, de Louis surtout, qu'il craignait le plus, Auguste baissa les yeux d'un air confus et parut un instant tout déconcerté; mais bientôt, reprenant son assurance, il dit d'un ton dégagé : « Ah ! vous voilà, je suis bien aise de vous voir; si vous étiez venus plus tôt, vous m'auriez peut-être empêché d'être triché comme je l'ai été indignement tout à l'heure par ce grand filou... Tiens ! mais où est-il? ajouta-t-il en se tournant du côté de son adversaire, qui avait disparu; il s'est éclipsé, le brigand, le voleur.»

En effet, cet individu, qui était certainement de force à écraser Auguste, mais qui ne se sentait probablement pas la conscience très-nette, avait jugé prudent de se perdre dans la foule, quand il avait vu quatre jeunes gens portant le même uniforme que son adversaire venait sans doute pour le soutenir. « Tu vas voir, continua Auguste, ce qui m'est arrivé. Ce particulier a voulu parier contre moi; il a perdu plusieurs fois, il m'a demandé une revanche...

— C'est inutile, interrompit Louis, je n'ai pas besoin de savoir cette histoire.

— Mais si, il faut que tu la saches pour voir si j'avais tort.

— Oui, tu avais tort de te commettre sur un champ de foire avec des gens que tu ne connais pas, et surtout de jouer de l'argent avec eux. Tu en es la dupe, tu n'as que ce que tu mérites. Je désire seulement que cela te serve de leçon. Mais ne parlons plus de cette sotte affaire. Voilà mes cousins qui sont disposés à s'en venir sur-le-champ avec nous. Veux-tu être des nôtres? Cela fera que si nous ne sommes pas venus ensemble, comme nous l'avions projeté, nous nous en retournerons au moins tous à la fois.

— Non, certainement, je ne veux pas m'en aller à présent; mais c'est le plus beau de la foire! Comment! toi Léopold, et toi Robert, vous partez! est-ce vrai? et nous n'avons pas vu les danseurs de corde, et l'homme à la boule, et la prise de Pékin, drame militaire et chinois à grand spectacle.

— C'est vrai, fit Léopold; je voudrais pourtant bien voir tout cela, la prise de Pékin surtout.

— Et moi aussi, ajouta Robert; et puis tu sais, Gugusse, qu'il me revient pas mal de pain d'épice en retour de ce que je t'ai cédé ma place à l'arbalète.

— Tu auras ton pain d'épice, sois tranquille; puis il faut bien que nous dépensions ensemble l'argent de notre bourse commune. Voyons, Paul, et toi, Louis, voulez-vous être des nôtres?

— Ils n'ont plus d'argent, dit Robert, ils l'ont déjà tout dépensé.

—Cela ne fait rien ; nous en avons assez· pour payer pour eux; ils sont bons pour nous le rendre.

— Non, répondit Louis; nous ne saurions accepter votre proposition, et si vous êtes décidés à rester, nous, nous sommes décidés à partir. » En même temps prenant Auguste à part, tandis que Paul s'entretenait avec les deux frères, il lui dit : « Auguste, tu as tort de retenir mes cousins; tu les as déjà exposés aujourd'hui dans plusieurs occasions où ils ont risqué d'être compromis. Je n'ai ni le droit ni le pouvoir de les emmener malgré eux; mais s'ils se décident à rester avec toi, tu seras responsable de ce qui pourra leur arriver de fâcheux. Tu me comprends ?

— Tiens ! ne dirait-on pas que c'est moi qui les retiens, répondit Auguste ; s'ils veulent partir avec vous, ils en sont parfaitement libres ; alors je resterai seul. »

Pendant ce temps-là, Paul avait fortement engagé Léopold et Robert à quitter la foire ; ils y avaient presque consenti à condition qu'Auguste leur rendrait leur argent, et que Louis leur dirait comment il comptait le leur faire employer d'une manière plus agréable que ne le ferait Auguste. A cela Paul avait répondu qu'il ne pouvait le leur dire d'avance ; mais qu'ils connaissaient assez leur cousin pour pouvoir se fier à ses promesses.

Les deux frères restèrent quelque temps indécis entre ces deux influences, qui représentaient en quelque sorte l'esprit du bien et l'esprit du mal. Enfin, comme il n'arrive que trop souvent, ce fut l'esprit du mal qui triompha, et ils déclarèrent qu'ils voulaient rester avec Gugusse.

« Comme il vous plaira, leur dit Louis. Auguste, souviens-toi de ce que je t'ai dit. » A ces mots, les deux amis s'éloignèrent dans la direction du boulevard Mazas.

———

V

Paul et Louis se rendirent immédiatement chez M. Geoffroy. Ils lui racontèrent leur promenade à la foire aux pains d'épice, en passant légèrement sur l'incident de leur rencontre avec Auguste et les frères Courtois, mais en entrant dans les plus grands détails sur leur visite à la famille Humbert, et sur les circonstances qui l'avaient provoquée.

Il les écouta avec le plus grand intérêt, leur adressa plusieurs questions dont les réponses parurent le satisfaire, puis il leur dit : « J'applaudis de tout cœur à ce que vous avez fait et à ce que vous voulez faire; je vous remercie, mes enfants, — mon cher Louis, vous me permettrez de vous

donner ce titre, car je vous regarde comme
le frère de mon Paul, — je vous remercie de
vouloir m'associer à votre bonne œuvre, et
je ne négligerai rien pour en assurer le
succès. Mais rappelons-nous que nous ne
sommes que les instruments de Celui qui
sonde les reins et les cœurs; que si nous
réussissons, nous devons en attribuer la
gloire à lui seul, comme, si nos efforts restent
impuissants, nous devons nous humilier
devant sa Providence, dont il ne nous ap-
partient pas de pénétrer les décrets. »

En disant ces mots, il les embrassa tous
deux avec une tendresse paternelle; puis
on convint des moyens à employer pour la
conduite de cette affaire importante. Il fut
décidé que Louis viendrait le lendemain
matin déjeuner chez M. Geoffroy, puis que
tous trois ensuite ils se rendraient chez la
famille Humbert.

De retour à la maison, Louis parla du grand projet du lendemain à son père. Celui-ci y applaudit comme avait fait M. Geoffroy, et regretta que ses occupations ne lui permissent pas de s'y associer comme l'avait fait ce dernier; mais il voulut toutefois participer à cette bonne œuvre, et il remit vingt francs à son fils afin de pourvoir aux premiers besoins de cette pauvre famille. Il le chargea de remettre cette somme à la disposition de M. Geoffroy, qui saurait mieux que lui, quand il aurait vu les choses par lui-même, en faire un usage convenable.

Le lendemain matin, Louis fut plus empressé encore que la veille à se rendre dans la rue Saint-Antoine. Comme il y avait moins de voyageurs que le lundi de Pâques, il trouva facilement une place dans l'omnibus, et à neuf heures il descendait devant la rue Royale. Pensant qu'il était encore de trop bonne heure pour aller chez M. Geoffroy, il jugea convenable d'entrer chez son oncle Courtois pour saluer son oncle et sa tante, et s'informer comment ses cousins avaient passé le reste de la journée.

Il trouva sa tante et sa sœur dans le salon ou l'arrière-boutique que nous connaissons. Elles avaient toutes deux un air consterné qui effraya Louis. « Ah ! te voilà ! s'écria Mme Courtois en apercevant son neveu ; hélas ! pourquoi n'as-tu pas ramené avec toi tes cousins quand tu les as rencontrés à la foire ?

— Mais, ma tante, j'ai fait tous mes efforts pour les engager à revenir avec nous ; ils n'ont jamais voulu ; et, comme je ne pouvais pas les forcer, il m'a bien fallu les laisser avec Auguste Piloti.

— Ah ! ne me parlez pas de cet Auguste Piloti ; c'est un mauvais garnement, et je ne veux pas qu'il remette jamais les pieds ici.

— Vous m'effrayez, ma tante : qu'est-il donc arrivé, je vous prie?

— D'abord ils ne sont arrivés ici qu'à onze heures du soir. Heureusement que ton oncle était parti l'après-midi pour le Havre, d'où il ne reviendra qu'aujourd'hui; sans quoi il nous aurait fait une scène épouvantable. Nous avons veillé, ma sœur et moi; nous étions dans des transes mortelles. Enfin ils sont arrivés; mais dans quel état! Mon pauvre Robert était plus pâle que la mort; il était si faible qu'il ne pouvait plus se soutenir : il avait des maux de cœur affreux. Je lui ai fait prendre du thé, et j'ai passé une partie de la nuit à le veiller; il ne s'est endormi que vers quatre heures du matin, et moi j'ai passé le reste de la nuit sur ce canapé.

— Sans doute Robert était bien malade, reprit la sœur de Mme Courtois; mais, après tout, ce n'est qu'une indigestion de pain d'épice; cela le purgera, et il ne s'en portera que mieux après. Mais tu ne dis rien de ce pauvre Léopold, qui avait les jambes et les bras si contusionnés, que j'ai été obligée de lui mettre des compresses d'arnica, et qu'il faudra peut-être bien appeler un chirurgien pour voir s'il n'a rien de fracturé dans le corps. Et dire que tout cela est arrivé par la faute de ce vaurien de Pilon, qui, Dieu merci, est en prison, et qui y resterait bien jusqu'à la fin de ses jours s'il ne fallait que moi pour l'en faire sortir !

.— Comment! s'écria Louis, Auguste est en prison ! et qu'a-t-il donc fait?

— Léopold vous contera cela quand il sera réveillé... »

Ici la tante fut interrompue par l'arrivée de Léopold lui-même, qui entra dans la chambre en boitant un peu.

— Comment! s'écria sa marraine, tu as

fait l'imprudence de te lever! tu veux donc te rendre tout à fait malade?

— Mais tante-marraine, je me sens beaucoup mieux; d'ailleurs j'ai bien dormi, et je ne pouvais plus rester au lit.

— Eh bien, puisque te voilà, raconte donc à M. Louis ce qui t'est arrivé hier.

— Nous aurions bien mieux fait de nous en venir avec lui comme il nous l'a proposé, et si c'était à recommencer... Mais ce qui est fait est fait, et n'arrivera plus, je l'espère. Tu sais que nous devions aller voir la prise de Pékin, et c'est là surtout ce qui m'a fait rester. Nous sommes parvenus difficilement à nous placer, car la salle était comble. On lève le rideau, nous écoutons la pièce; tout le monde était attentif, et l'on aurait entendu trotter une souris. Voilà qu'à un des plus beaux endroits, arrive sur le théâtre un mandarin qui s'appelait Ka-ou-li. « Comment? que fait Gugusse tout haut, Ka-ka-o-li? Voilà un nom propre qui ne l'est guère. » Nous voilà tous partis d'un éclat de rire, ainsi qu'une partie de ceux qui avaient entendu le calembour de Gugusse. D'autres crient : « Silence ! silence ! à la porte les rieurs ! » Le silence se rétablit : c'est bien ; la pièce continue ; mais quand le mandarin veut parler, voilà Gugusse qui répète en imitant le chant du coq : « Ka-ka-o-li ! Ka-ka-o-li ! » Cette fois, les rires furent moins nombreux, et les cris : « A la porte ! à la porte ! » redoublèrent avec une nouvelle force. Mais au milieu du tapage, on distinguait toujours la voix perçante de Gugusse qui répétait : « Cocorico ! Ka-ka-o-li ! » — « Veux-tu te taire ! veux-tu te taire ! » lui disais-je ; mais bah ! il ne m'écoutait pas. Il ne cessa de crier que quand des gardes municipaux, que le directeur du

théâtre avait appelés, se dirigèrent de notre
côté. « Quel est celui qui interrompt le spectacle? » demanda le brigadier en s'avançant
vers nous. Nous ne bougions pas, et personne ne paraissait disposé à dénoncer Gugusse, quand un individu en blouse le mon-
tra du doigt au brigadier et lui dit : « C'est
ce moutard-là qui a un habit de collégien. »
Alors Gugusse se retourne, et reconnaît dans
son dénonciateur celui qui l'avait triché au
tir de l'arbalète. « C'est pas vrai! t'en as
menti, filou, voleur que tu es! » Et en même
temps il s'élance sur lui, et lui donne un
soufflet. L'autre le repousse, et l'envoie tomber sur moi; je roule à mon tour sous le
banc. Tous nos voisins désignent alors Gugusse comme l'auteur du tapage. Les gen-
darmes viennent pour s'en emparer; et,
comme il voulait s'esquiver, l'un d'eux, en
s'avançant, m'a marché sur la jambe avec

sa grosse botte que j'en ai poussé un cri terrible ; alors il m'a relevé ; on a arrêté Gugusse, mon frère et moi en même temps. On nous a menés au bureau de police ; on nous a demandé nos noms, prénoms, domiciles, ce que faisaient nos parents, que sais-je ? Comme tous les témoins accusaient Gugusse, et qu'il n'y avait point de charge contre nous, on nous a relâchés, et l'on a retenu Gugusse jusqu'à ce que son père vienne le réclamer. En sortant, le commisaire nous dit : « Puisque vous demeurez dans le voisinage de M. Pilon, prévenez-le de ce qui est arrivé à son fils, afin qu'il le réclame s'il le veut. »

— Eh bien, demanda Louis, l'as-tu fait prévenir ?

— J'y suis allée moi-même ce matin, dit Mme Courtois ; sais-tu ce qu'il m'a répondu ? « Ah ! mon fils s'est fait mettre à la salle de police pour tapage au théâtre et voie de fait

3*

envers un des spectateurs? Eh bien, qu'il y
reste. Quand il sera soldat, il y ira plus d'une
fois. J'y ai été souvent, moi, et je n'en suis
pas mort. Quand ces messieurs seront las de
le garder, ils me le renverront. » J'ai été
si révoltée de cette indifférence, continua
Mme Courtois, que je suis sortie indignée et
sans lui rendre son salut.

— Bah! le père ne vaut pas mieux que le
fils, fit observer la tante.

— Dans tout cela, dit Louis, il n'y a pas
tant de mal que vous m'en avez fait craindre.
Robert en sera quitte pour prendre encore
quelques tasses de thé, et Léopold pour boi-
ter encore un jour ou deux. Ce sera pour
tous deux, je l'espère, une leçon dont ils
profiteront.

— Je l'espère aussi, dit Mme Courtois;
mais ce qui me tourmente le plus, c'est
qu'ils ont donné leurs noms et leurs adresses

à la police, et si par hasard on vient ici aux informations, et que mon mari apprenne ce qui s'est passé, il nous fera à tous une scène épouvantable.

— Je crois que vous n'avez rien à craindre de pareil ; ce n'est qu'une formalité insignifiante. Dans tous les cas, pour éviter ce désagrément, vous ferez bien, ma tante, avant le retour de mon oncle, d'aller chez le commissaire de police, et de lui faire connaître vos craintes, en le priant, dans le cas où il jugerait indispensable de contrôler les déclarations de Léopold et de Robert, de le faire avec les ménagements convenables, et de manière à ne pas compromettre la paix de votre ménage.

— M. Louis a raison, dit la tante, et tu feras bien, ma sœur, de suivre son avis.

— Je vais m'habiller, dit Mᵐᵉ Courtois, et j'irai aussitôt après déjeuner. »

On voulut retenir Louis à déjeuner; il s'excusa en disant qu'il était invité dès la veille chez M. Geoffroy; mais il promit de revenir dans l'après-midi savoir des nouvelles de ses cousins, et le résultat des démarches de sa tante; puis il embrassa celle-ci, salua sa sœur, serra cordialement la main à Léopold et se retira.

Un instant après il arrivait chez M. Geoffroy, où il était impatiemment attendu. Quand il remit à M. Geoffroy les vingt francs que son père lui avait donnés, et en lui faisant connaître ses intentions : « Je suis heureux, répondit-il, que M. Barlet veuille bien s'associer à notre œuvre; cela me donne une nouvelle confiance dans son succès. »

Immédiatement après le déjeuner, on se mit en route. Quand la femme Humbert vit entrer les deux collégiens de la veille, elle se leva avec empressement, et courut à leur rencontre en leur disant :

« Oh ! mes bons messieurs, que je suis contente de vous voir! vous nous avez fait passer les seuls moments heureux que nous ayons eus depuis bien longtemps... » Puis, en voyant avec eux un homme d'un âge mûr, elle s'interrompit pour lui faire la révérence.

« C'est mon père, dit Paul, que je vous présente; je lui ai raconté la visite que nous vous avons faite hier; il a pris un vif intérêt à votre position, et il a voulu venir ajouter quelque chose au léger secours que nous vous avons offert...

— Oh! Monsieur, comment pourrais-je vous remercier de tant de bonté! comment pourrais-je remercier ces jeunes messieurs, les dignes enfants d'un tel père!

— Ma brave femme, nous parlerons plus tard de remercîments; mais d'abord je dois

vous dire que je ne suis le père que de l'un
d'eux, je n'ai pas le bonheur de l'être de celui-ci, — en montrant Louis ; — mais je re-
présente ici son père, qui est mon ami, et
qui, lui aussi, a voulu participer au peu de
bien que nos enfants vous ont fait et veulent
vous faire encore. Maintenant passons au
plus pressé, et voyons notre malade. »

Elle les conduisit aussitôt vers le lit de
son mari.

« Eh bien, mon brave homme, comment allez-vous aujourd'hui? lui demanda
M. Geoffroy.

— Tout doucement, Monsieur ; mais je
viens d'entendre que vous êtes le père de
l'un de ces jeunes gens qui sont venus déjà
hier nous visiter... Mais comment se fait-il
que vous nous portiez tant d'intérêt à nous
que vous ne connaissez pas, qui ne savons
pas même votre nom?

—Est-ce qu'il ne vous est pas arrivé quelquefois dans votre vie, mon brave homme, de rencontrer des gens qui étaient malheureux, que vous ne connaissiez pas, et que cependant vous auriez désiré de tout votre cœur pouvoir soulager, si vous l'aviez pu, et que vous avez même soulagés selon vos moyens?

—Cela est vrai : cela m'est arrivé plusieurs fois.

— Eh bien! pourquoi ne se rencontrerait-il pas, aujourd'hui qu'à votre tour vous êtes dans le malheur, des gens qui, sans vous connaître, vous porteraient intérêt et chercheraient à vous venir en aide selon leurs moyens?

—Ah! Monsieur, c'est que dans ce siècle d'égoïsme, les personnes dont vous parlez sont si rares, si rares, que jusqu'ici j'ai cru qu'il n'en existait pas une; mais vous me prouvez que je me suis trompé, ou plutôt vous êtes sans doute une exception qui ne fait que confirmer la règle, comme on nous disait à l'école.

—Eh bien, mon brave homme, j'espère vous prouver dans la suite que je ne suis point une exception, et qu'il y a encore bien des hommes et des femmes qui, plus que moi, mieux que moi, sont disposés à soulager les peines de leurs semblables. Mais, en attendant, il ne faut pas vous faire causer davantage, et je vais continuer la conversation avec votre femme. »

Il vint s'asseoir auprès de la femme Humbert, et il s'entretint longtemps à voix basse de sa situation; puis, après être convenu avec elle de ce qu'elle ferait de l'argent qu'il allait lui remettre, il lui donna quarante francs: vingt francs de la part de M. Barlet, et vingt de la sienne.

En sortant, M. Geoffroy dit aux deux jeunes gens : « Je crains bien que cet homme ne soit plus malade que sa femme et lui ne le pensent. J'ai étudié autrefois la médecine, et j'ai assez d'expérience pour juger que c'est un corps usé, et qu'il n'y a nul espoir de le rétablir. A notre première visite, j'amènerai avec moi un médecin qui nous éclairera sur cette grave question. »

Le docteur qu'il conduisit auprès d'Humbert le surlendemain le confirma pleinement dans son opinion, ajoutant qu'il ne croyait pas qu'il eût trois mois à vivre.

« Il ne faut pas perdre de temps, » dit M. Geoffroy à son fils. Il conduisit avec lui, dans les visites suivantes, quelques-uns de ses confrères de la société de Saint-Vincent-de-Paul, qui y allèrent ensuite séparément. L'aisance revint peu à peu dans le ménage; le malade était mieux soigné; seulement il s'émerveillait de voir tant de messieurs, de bourgeois venir le visiter et le soulager avec un désintéressement inouï.

« Eh bien! lui disait M. Geoffroy, continuez-vous à croire qu'il n'y a que des égoïstes dans ce siècle, et que je n'étais qu'une exception?

— Non, non, répondit-il; seulement je ne me rends pas compte du motif qui vous dirige tous. J'avoue que je n'ai jamais rencontré de ma vie d'hommes comme ceux qui m'ont visité depuis le jour où votre fils est venu ici pour la première fois.

— C'est que vous ne fréquentiez pas les personnes de notre société, que peut-être même vous les évitiez.

— Et quelle est donc cette société?

— C'est la société chrétienne, la société catholique, celle qui enseigne aux hommes, d'après les préceptes de son divin Maître, à s'aimer les uns les autres, à faire à autrui ce que l'on voudrait qui fût fait à nous-mêmes.

— Oui, sans doute, c'est là une morale magnifique, sublime; mais tous les chrétiens ne la pratiquent pas.

— Cela n'est que trop vrai, malheureusement; mais ce sont les mauvais chrétiens : les bons, les vrais chrétiens la pratiquent tous. »

Ces conversations le firent réfléchir; peu à peu il écouta avec plaisir ce qu'on lui disait de la religion; il provoquait même ces explications; enfin il finit par déclarer que lui aussi voulait faire partie de la société des vrais chrétiens. Il demanda lui-même à s'entretenir avec un prêtre, et le ministre du Seigneur acheva l'œuvre commencée par de simples ouvriers laïques, et récolta la moisson qu'avaient semée deux jeunes enfants. Le malade mourut peu de temps après, pleinement réconcilié avec Dieu et en paix avec lui-même. Ses enfants ont été placés par la société de Saint-Vincent-de-Paul, et sa veuve a trouvé un emploi dans une des manufactures du faubourg. Louis protége spécialement le petit Adrien; Paul s'est chargé de son jeune frère; Léopold et Robert, qui ont renoncé à la société d'Auguste Pilon, ont obtenu de s'associer à l'œuvre de leur cousin et de son ami, en se chargeant d'être les protecteurs des deux plus jeunes enfants de la famille Humbert. C'est pour eux un souvenir plus agréable de la Foire aux pains d'épice que celui que leur avait laissé leur ancien camarade Gugusse.

FIN

7250. — TOURS, IMPR. MAME.